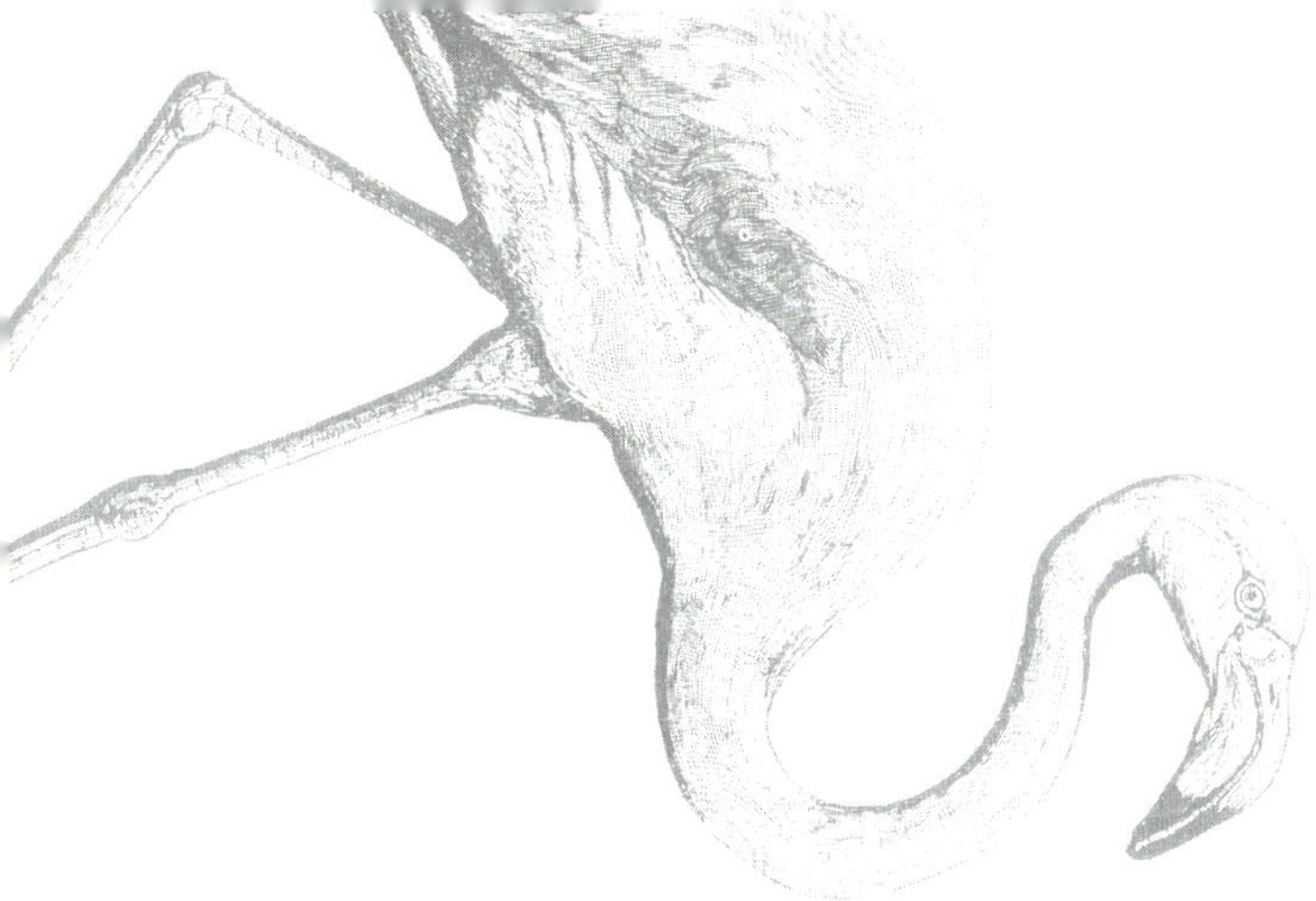

奄美

Amami

Minoru Nakada

中田實歌集

月光叢書＊03

皓星社

『奄美』＊目次

装幀　間村俊一

奄美

とろとろと漆黒の闇に火の生《あ》れる轟《とどろ》なるもの火のかたち見ゆ

血脈

昭和二十六年十二月三十一日曇天の横浜港　父は「日本」に降り立つ

1

独り身を貫き通せる叔父もゐて厚木の基地の近くに住みぬ

セナゼル・ミヤン父方の祖母の名を連ぬる家系図持ちゐし父は

戦地を踏むことなく逃がれ東京の荒川土手を踏みし父はも

母方の祖父の残せる本に奄美の地名起源譚あり赤尾木「星の里」

一枚の家系図に載るわが名前血を継ぐものの熱き志《し》を抱く

裏山の風の吹き入る厠《かわや》より瑠璃《るり》懸巣《かけす》瑠璃の鮮々と立つ

かの海もかの山も空も眼裏に縁取り蒼く霞みて残る

南海の奄美の島より東京へ千三百キロを超えて来たれる

田中一村の眼に写りし島の名は懐かしく響く三十年の経つ

父の名を奄美は知るや空も海も青くああ碧く透きゆく島は

蒼穹の人の魂行くところ日本列島遥かに見下ろす

曙光は地平と雲に挟まれし差し込む一条の光となりぬ

2

北緯三十度線の国境よ荒海よ　密航者俺の眼に屋久島聳ゆ

前景に広がる街を修復せよ　修復士なればこの世界までも

桜守しとしとと降る雨に濡れ五月の桜仰ぎ見るかも

打検士の叩く缶詰何を見るこの世の歪、俺のゆがみか

回る廻れ扇風機の風やわらかく　経年劣化の炎となりぬ

鹿屋市国民学校訓導となり終戦の九月三十日に特攻のありしか

発令機関奄美群島政府月俸千三百四十円を支給さるる父の手に

人生の定点観測に立ちゐしに今この一点の座標軸なれば

黄昏の夕日に映える落葉松の針状の葉に陽は刺されゆく

分水嶺の左に流れ日本海へ　分かれの悲しみが滲む手の甲

死刑執行人の震えてゐる右指が押す釦の　はるか巣鴨プリズン

3

生きてゐるだけでいいといふ呟きに自答す生きてゐるだけでいい

母に抗ふ父の一人ごつ　ああせつなし　八十八の八十五の父母は

父危篤知らせを聞きて乗り継ぎて父の元へと乗り継ぎ急ぐ

我を忘れ我が名を呼ばず指をさしやうやく私を認めたりしに

額に触れ父の身体は冷めてゆくしだいしだいに父は遠ざかる

教会の天窓より差す日の下に　父の顔《かんばせ》微動だにせず

刻刻と儀式なればこそ時は過ぎ別れの際に姪の目に涙

水面に映る姿のゆらゆらと輪郭をなさず黙してをるに

波紋

父よりの問ひかけ聞こえ深更にがばりと起きて聞き耳をたて

一枚の葉の落ちてゆく地にいたりひらひらひらと舞ひ上がりゆく

骨拾ひ身体をひとつ一つなるを集めて納めて三十センチ四方に

眩きに帰天の父は七月の青きに吸はれたると思ひし

一石を投じ広がる波の紋ひろがりゆくはどこまでなるか

総革の膝下までのコート垂れ累累続く死者の群れたち

人差し指の見えぬ男がやって来るコートの陰に隠されてある

痩せ細り骨格も皮も隠部も露に曝され置き去られてゆく

ほそぼそと冬の欅の枝枝に絡まる冬の半月の影は

冬の蠅天井の影に目となつて風呂屋の脱衣場を見をろしゐたり

樹の面は漣を映しゆらゆらと光を返し乱るる思ひ

啓蟄

啓蟄に母の骨壺持ち帰る曇天の午後　白くまあるく

1

大腿骨腰の骨胸へと迷ひ箸頭部の骨のすべて納まる

母逝きて半月を母を三月を悲しむべくも午後あらなくに

父が逝き母が逝き給ふ再生の短歌に創りし魂を鎮め

とつぷりと悲しき音に身を浸す金曜の午後神保町裏手

雨垂れのバンドネオンのうら悲し指の動きの　われの雨垂れ

弾むやうに叩くやうにかき斬るやうに盤上の指は踊るや

白く塗られし校舎の壁落剝し地の色の見ゆところどころに

陽を浴びぬ光を纏ふ菜の花と河津桜の葉は眩くも

仰向きて脚を折り曲げ蒼鷺の三月の死を　母の指先に

生と死の境の間を見つめゐし鳥の姿を母の姿を

息遣ひ腹の収縮のゆつくりと終息に向けやがて静なる

先駆けて向かひくるものゆつたりと遠ざかりゆく包まれてゆく

亡母を連れ今年の花見行きたかりき四月はじめの王子辺りを

2

母は幾つかの辞世の歌を「山茶花」に送っていた

如月の冬の窓辺に寄り添へる　母が…父がゐる家族の風景

病院の窓淋しいかな一度《ひとたび》も鳥も小鳥も姿を見せず
日がな一日病院の窓に囀りぬ　命と命の呼び応《あ》ふを日課と

香りつつ庭の水仙咲き満ちて芳香高き沈丁花まつ
帰ることなき家の庭の隅に咲く水仙沈丁花夢に見てゐき

夫逝きてはや半年過ぎたり年月の流れと共に夢となりゆく
父母の夢となりし年月を奄美を離れ埼玉の地へと

豊島

友人の墓参りに行く。その寺の入り口に「お馬塚由来記」があり、民謡「よさこい節」流行に関連した事柄が刻まれていた

坊《ぼん》さん買ふ簪鋳掛やのお馬　終焉の豊島今は冬なり

天とぶや土佐の高知は遥かなり龍馬の像も波に濡れたり

追放の浮き世は恋しく純信よ以西に流され私は以東へ

街中を路面電車は走りゆくはりまや橋に娘転げる

故郷は遠く離れて明治は十八年東京の北　豊島二五七七番

汽笛とも呻きとも分かず哭き響む空一杯の器溢るる

夏の盛りバンダナを巻き彼の女はゆつたりゆつたりと揺らぎてをりぬ

歌集の一首を問ひたきことのありし問ふこともなく閉づる『六月挽歌』

花びらは暗渠を流れ一巡り愚かしきかな短歌史ほどの

交差点の人をかき分け身を反らす潜行能力二メートルまでの

荒川の堤に佇む夕景の　明治四十年の漱石の背に

王子桜散つてはゐまい五色桜を仰ぎ見る人を誰そ彼と

新田橋を隅田川を渡り　百年の『虞美人草』の藤尾に逢ひき

音無の川沿ひ桜に欺かれ路の途次にてうつそみの戀

春の宵つひぞ芭蕉を欺きて上野の山の霞に紛れ

原点はと問はれて何と答へたり　水準原点短歌原点はも

海鳴りの響す空のはたてにぞ　遥けくものの幻となり

食卓に歌集二冊と眼鏡よ　水平線より立ち上りゆく

振り向けば漆黒の闇に消えてゆく毛髪匂ふ七月想ふ

歳月や桜吹雪に紛ふかな　時代に楔打ちたる友は

足元を人はいかな日に踏み外す奈落の底の底なる未明に

飛行船のその響きのごとぽつかりと東京上空を魂はゆく

ゆつたりと東京の空を飛行船　冬の落暉に溶けて目にしむ

首都覆ふ天蓋の雲厚く垂るる　閉塞状況出口なしかと

見渡せば主義も主張もなかりけり　噂となることこそゆかしけれ

父も母も奄美の人と逝きにけり遠き故郷《ふるさと》遠き東京

帰島

奄美行画帖一冊携へて南の島へ父母の島へ

奄美大島を四十二年ぶりに訪れる

奄美まで一千三百キロの空をゆく雲海遥か白と青の世界

叔父に会ふまでの四十年か名瀬の街「おがみ山」目指し街の奥処へ

苔むして墓の面は磨耗せりところどころに中と田の文字の

教会のフロアに蜂の屈まりて祈りの場にぞ一つの死がある

島尾敏雄展にて

左右反転鏡に映る姿あり死者はかくして我をみるのか

蒲生崎《がもうざき》展望台より三百六十度東シナ海に背の太平洋

亡母《はは》の短歌《うた》を一心に読む伯母の眼の眼差し強く認知症ならざる

浜の砂の柔らかきこの足裏に我を沈めゆくこの感触の

浜に咲く浜木綿とアダンの原色に海のひろごりに包まれてをり

宝貝一つ二つと拾ひたり五歳の我と三十三歳の母と

空撮の雲海の富士遥けくも日本上空を暗雲の覆ふ

蒼氓

両腕《もろうで》の肘よりの先の無き夢を　ただ夢に見き哭いて見てゐし

あかねさす駅

ぬばたまの夜の振り子を動かしぬ肉食恐竜復元骨格

ゆらりゆら機械仕掛けの人形の夜通し踊る月灯りの下

あかねさす駅までの道をウキウキと蟬の骸に出会ふまでの　の

昏れつ方森の深くに分け入りぬネアンデルタール人の笛の音を聞く

足温む鴨の足掻柔らかく時代《とき》のもなかを蹴りてゆくかも

散るさくらさくも桜か花塗れ雨の飛鳥山憂国の王子

状況は雁字搦めになりてゆく交差点真ん中に逆立ちならず

食卓の鮭の切り身の聞きをりし夜の時雨を時の間《はざま》を

俳優《わざおぎ》の他人の人生を生くるてふ風待食堂吹雪く増毛よ

一文字で君への思ひ表せば来《こ》来《き》来《く》来る来れ来い恋となる

魂を祭るのですよ白埴の瓶の面に雫滴る

蒼氓

風が問ふ公園の隅に吹き来たり吹き抜けゆくは西か北にも

雑草を地より引き抜く悲鳴あげ　ぶちりぶちりと地より離れて

赤銅の土手の三輪車雨に濡れ六月は錆びを暮れ残したり

桜守藤衛門の手に降りしきる余花にも雨は降り続けたり

煽られて飛ぶや燕の裏表風のゆくへを遮られてなほ

始まりか途中なのかも解らずに風の行方も雲の行方も

累累と蒼氓は地を連ねゆく大地を悲しみひたすら西へ

ヒバク米兵十二名の名刻まれる八月六日の広島の碑に

全身耳全霊器となりてをり解体現場の処暑のま昼間

八月の紫陽花の葉も花首も切り落としたる朝まだきにぞ

うつそうと倒木枯れ枝重なりぬ荒れたる中に歌碑立ちてをり

林道に川のせせらぎ磐根とし千年の時を蝉響もしたり

先人の跡をたずねて鴨山へゆるゆる登りゆるゆる下る

人麻呂公の右手に筆を左手に記したる和歌現し世をうつ

血の色に黄泉比良坂森の奥鎮まりゆくは池の底までも

十六夜の月光に晒され公園の　鞦韆揺るる老の背にぞ

樹々の声

樹齢三百年大銀杏被爆樹木小型銀杏の葉降り注ぐ

樹木医の一木一木を尋ねたり被爆を語る樹の悲しみを

皮一枚に立つといふ樹の幹傾げ並木通りに凭れゆくなり

枝垂れ柳若木の下より継ぎてゆく老いたる後の思を継ぐか

根こそぎに掘り起こされし倒木の幹に貼られたる「助けてください」

急転の燕水面をすれすれに姿映して蒼き虚空《そら》に消ゆ

今生も写してよとや水鏡の他界も異界もこもごも映す

麗らかな春の陽に溶け蝶一頭客人となり我に入りたり

枝を銜へ影さへ踊る花の客つひぞ浮かれて誘なはれゆく

擬態とも擬声とも葉にとまる白き蛾の自らを白く縁取る

樹の間より黒蝶現れて樹の間へと見え隠れの女性の影よ

楽園

楽園と誰が名づけし保護区にて導流堤《つつみ》に佇む鳥どり

1

一斉に三百の鷗飛び立ちぬひと巡りして元に降り立つ

半時を短歌《うた》の生まれると座してをり業平鷗動かざる午後

飛び立たぬ水辺の鳥を飛び立てぬ鳥と知りたる睦月二日や

遠くまで飛べる翼を持たざるに時間《とき》といふ壁超えてゆきたり

2

隣接の宮内庁鴨場にひたひたと侵されし境に水の満ちゆく

この先に三番瀬干潟の広がりし環境問題発祥の地なり

ひらひらと黄揚羽ひとつ飛びゆけり廃墟の窓硝子を透けて翔びゆく

仮設猛禽部屋に傷つきし鳶五羽大鷹一羽閉じ込められたり

こちら側の扉一枚を動かしぬ　離れがたきは見えざる世界

垂直に飛行機雲は伸びゆくに未だ見てをるわが志

一滴の水の行方を解くものよ　水の行く先に待ちうけたり

赤茶けし葉の河津桜よ薬剤と執拗なねたみに枯れ死となりぬ

風甘く匂ふ五月の季節《とき》を知る燕は背も腹も見せ旋回す

3

黒蝶は翠の中を飛び廻る枯死の桜にふととまりたり

空蟬のアジサイの葉裏に残りたり飛び立ちてゆく現し身かなし

樹の液を求め集まる黄金虫は蜜争ひに饗宴の夕べ

水面の杭の上なるもの動かざりし像の亀夕べに顕はる

斜めよりじつともの見る川の鵜の指定席にて羽ばかせてをる

野太さは藪の中より牛蛙やがて水面に息づくものよ

水中を亀の手足はゆつたりと互ひに動かし世界を動かす

幾筋も光の雨は降り注ぎ私の肩を突き刺してゆく

炎天の蜘蛛の糸にぞ絡められ八月の蟬は風に揺らぐを

4

花の名を問はれし夕べ酔芙蓉白く浮き立ちやがて闇の底

黒鳥のくうくうくうと鳴くに寂しかり網に囲はれ飛びたてざるに

数量生態学なるものありと聞く亀の甲羅干し鷗の群舞

鳥も獣も保護区にありき何よりも先に私が佇みてをり

悠然と風を摑まむと白鷺は広げし羽に大いなる夢を

倒木の虚《うろ》は苔むしぽつかりと闇を抱へて光吸ひ込む

狙ひつけカワセミの下をゆつたりと亀の頭をみせ通り過ぎたり

路上には腹をみせたる　ひろびろと蟷螂井守に秋の暮れ行く

5

ユリもネコもセグロもワシも集まりぬ野鳥保護区川辺の真昼間

のどかさにこののどかさに堕ちてゆくハンガリー狂詩曲道辺に流れる

帰巣する鳥らは一刻留まりぬ樹上の白鷺湖面の川鵜

三次元に真球なるものの在りえぬと真なるものを求めて漂ふ

残像と幻しなるものの真昼間に錯覚錯視大いなるかな

たまゆらに影を見たりと逃げ水のたゆたふ先を氷河は流れ
幾筋に空は掃かれて残されし所どころを白く塗りゆく

低空を二千の川鵜コロニーへと東京湾より群れて帰巣す

噛み合はぬ嘴《くち》を持て余す五位鷺の餌時に不安な眼差しとなる

あかねさすアオバと名づくアオバヅクまあるき眼なにも応へず

とれたての冬瓜ひとつ切り裂きて白き肌なる収穫祭かな

音もなく水上をゆく舟の水脈　無言歌となり鷗の飛びゆく

羽撃き

ジグソーパズルの一片を探しあぐね最後のひとひら零れ落ちぬ

古への童謡《わざうた》さながら世に響く我が短歌なるは鋭《と》くあれかしと

朝焼けをシルエットに飛ぶ濃き色の　際立つ線描に哀しくなりぬ

高層ビル三十四階トイレ壁面に　東京全景　巽の方角ぞ

東京スカイツリー頭頂部　クレーン《鶴首》に垂るる先に時を吊りあぐ

幾体も港湾に並ぶキリン型　起重機の組む鉄の箱舟

一方向に面を向けたるユリ鷗餌時に騒ぎ飛びたてざるに

飛ぶことも立つこともなく白鳥の　幼鳥の眼は閉じられにけり

陽だまりの導流堤に鳥たちは冬の支度のサンクチュアリに

十月の銀杏並木より聞こえ来る十月の蟬はもの寂しかり

黒つらのへらさぎ七日に死すとあり絶滅危惧種ここに死にけり

林道沿サンクチュアリ内の看板に自由を愛せ自然を愛せ

取り残されて一羽のかもめ突堤に河鵜とともに夕日を浴びてゐる

新参者部屋の隅にて動かざるアオツラカツヲドリといふ名の

視界百八十度否百二十度の光景に狭まりゆく人生の景は

雄々しくももろはを広げ風となり片羽たりしに飛び立てずをり

カンボジア

聖なるものその域に現る言の葉に定型といふ聖なるながれ

Kに

ソノ知ラセ「死ンデヰタ」コトヲ告ゲテヲリ「死ンダ」デハナク「死ンデヰタ」トイフ

五月闇妙ナ言ヒ方ノ訃報アリカツテノ同僚ノ木ノ匂ノ君

白骨化シ布団ニ包《クル》マレ半年ヲ　死ノ報ラセK氏天涯孤独

小金井市中町二丁目一番地十七号一軒屋ノ主死シテヲリ

K氏デアルト人定作業ヲ義歯ニヨリ岡歯科医院問合ハセノアル

引カレ行ク天井ヲ見上ゲ呟キヌ我ノ一生闇ト消エルカ

ココマデカ俺ノ人生　コレマデカ天井ミラーニ影細リシニ

残酷ナ時間ナンテナケリャイイノニドウセ道連レ道行キノ

溢ルルニ我ノ器ヲ満タサレユク涙トイフヲ流シテヲルヤ

平成十九年極月暮レノ　今日トイフ日ニ我ハ消エテイカナ

七十歳ニシテ親ナク妻ナク子ナク極月ノ寒ク風ノ音カヤ

独リキリ親族ナドモトウニナク私ハ多磨墓地ニ眠リタキ

アナタハ魂ヲドコニオイテキタノデセウカ葬祭執行人ハ空ヲ魅入ルニ

痛マシキ骨トナリテモ死ヲ飾ル言葉モナクニアハレ骸ヨ

何ヲモテ君ヲ弔フカ過去形ノ　木ノ匂ノ漂フ夕ベカナ

風の音

看とられぬまま死し蒲団に俯せるままに十日も過ぎてゐしかと

乳母車にオカリナ並べ声をかけ　街の風景に溶け込む姿が

吉祥寺の駅頭に売る土笛を　斜めに構ふ君の横顔

路上演奏にいつしか二重に三重となり　我が教え子らも聴衆となる

君の声君のオカリナと響したり　記憶の中に微かに動く

「街頭でオカリナ吹いて托鉢の」バンダナ巻きて寒風の中

オカリナはまた風の音アスファルトジャングルの域にも響きゐる

アパートの冷たき室に音失せしオカリナ奏者佐山二三夫よ

革命家

我が胸に密かに伸びる骨棘《こっきょく》の内より崩るるを乱といふなり

1

サイゴン陥落より三十年

ドボルザークの「新世界より」鳴り響く霜月午後五時新浜地区に

一九七〇年十七歳己の空青く市ヶ谷に三島由紀夫逝きたり

革命家が娘に送った手紙の一節に

「眠れぬのは誰のためか」詩の一行に「我が娘へ」と父の遺言《こと》を見ぬ

革命家の父の残せる詩にありて美《は》しき「祖国と山河のために」

アオザイの衣に身を包み夜の巷に娼婦となりし十四歳《じゆうし》の少女よ

父の死より数日経ちて届きたる父の手紙の「娘よ愛するもの」

密林の地下壕にて日日解放の軍旗を縫ひて少女はありき

米軍の掃討作戦に三十八歳の革命詩人サイゴン陥落に死す

我と同年《おなじ》十七歳となりき革命の少女の三十年前の写真かや

べ平連民青デモ隊と明治公園三千の学生の中に我あり

青い目の人形佇みし横浜の人形の家閉ざしたるまま

街頭演説に縷縷訴へを聞き過ぎぬ戦争賛美の教科書といふを

2

あの夏は文旦ならぬ檸檬なげ　受け止め齧る君がゐた夏

湯島聖堂の白き階段に座り込む白き姿の透けて見えたり

聖橋より見下ろす川面を共に見し漣立ちたる夕暮のある

落日に今日もまたかと行き暮れて影は伸び行く突堤の先に
運命といふこの道をとほとほと運命と私と歩いてゆく

昭和といふ路地裏にある暗き板塀に男が一人より掛かりてゐる

身に纏ふ秋の蚊柱に呆然と陽だまりの中に足掻くこともなく

鷗外のヒゲそよりと揺るる湯島まで本郷通り迂回の右回

六月の雨けざむきにぬれ濡《そぼ》つ而してひとり濡れてをりたり

暗雲に立ち込められし議事堂よ風は強まり声ぞ届かぬ

国会にシュプレヒコールは掻き消えし旗はざわめき大きくうねる

モノトーンにホーロー看板の薄らぎぬ黄昏時の一日は終る

鎮まりて水鏡となり澄みゆくに青きを写し寂を映しぬ

浚渫船の河より掬ふ泥の中垂れて落ち行く雑多なるものの

議事堂首相官邸周辺にぞくぞくと集ひし老いも若きも渦巻く

矛先は国会周辺に取り巻きし七十年代に似て非なる拡声器よ

3

逼り来る如月未明の　船団の舳先を海へ舳先を己に

濃霧黄砂首都を覆ひたり　ぬばたまの遮るものの皆暗かりし

人生に定跡なんぞありはせぬ　盤上睨む角の視線の

答弁の終はりの際に口元の明日もかと緩む総理の苦笑

太初《はじめ》に戦ありき言葉ではなくしてそんな論理か国会中継は

口は心に満つるものを語るてふ国会中継の口元うすらと

石を投げ池の面に立つ波の紋の　石を投げねば波紋は立たず

此岸より東京スカイツリーを見てをれば巨いなる卒塔婆夕景に霞む

拡声器の声切れ切れに如月の夜の街にもう一隊のデモ隊

西の空夕焼けてなほ　牧水の寂しさ求め夕焼けとなる

反原発のデモに練りゆく　中杉通り青梅街道　わが憂国忌

口口にシュプレヒコールを固くもなく柔らかくもなく握る拳の
新宿西口ガード下のロータリーをデモ隊三十の髪は戦ぐのか

二日酔の通勤の朝私ならざる『わが告白』を読み始めたり

大状況か小状況かと足滑り顔面強打に歯が折れたりし

カンボジア

ロリュオス遺跡の崩れし扉に刻まれしクメール文字の何を語らむや

1

肘を折り九十度に曲げ両手《もろて》挙げよ　自己放擲のスタイルおかし

時差二時間距離五千キロ西南の首都プノンペン午前二時の睡り

ツアーバスに乗り目的地へバスを降り切り取られし時間《とき》切り取られし場

明けやらぬ街の姿をとつぷりといやすでにバイク路次走りゆく

街の眠りに一閃の音響劈きて街はしだいに躁となるかも

免許要らずバイクの後ろに三、四人街に流れ込むプノンペン街の

王宮の周りに群れをる　片腕の片足の物乞に纏はれたりし

プノンペン優しき音の都市の名に首都ただ中に刑務所ミュージアム

高校の教室を改造し拷問室に　床に残るは血の痕そのもの

独房の仕切り空間ゆ生還し刑務所片隅に自筆本を売る

この部屋の床にぞ　血・血・血　生生と血塗れの床二百万民の

この国の現し代の史に千九百　七十五年の遥けし大量虐殺の

喉元に剃刀をあて忍び寄る背後の執行人喉元を裂く

壁一面に絵と顔写真続き行く老いも幼なも男も女も

その部屋より外に出る刹那　外光の眩きに眼を閉じたる刹那に

ガイドの声語りし後も響きをり　ポルポトも悪ベトナムも悪

2

遺跡群を廻り始める

島に吹く風はや甘く風化せし

四塔の門の天上に聳ゆ

青と白清清しきを背景に他に映ゆるものなし中央祠堂に

赤茶けし小さき煉瓦を積み上げし黒く焦げたる焼け跡のある

遺跡までの道のり平坦に山影もなく国道沿いの村村の営み

密林の密なる樹木に突として展け三塔の高みに光眩く

何ゆゑに塔は創られ何ゆゑに塔は残りたり　人類滅べ

アンコール・ワットの全貌を見むがため遠のきてゆく細部は没に

寄り来る子等の眸に照射され土産売りの声一ドルと絵葉書十枚

人間の創りしものを抑へ込み根を絡ませる榕樹《がじゅまる》の壁

平均年齢二十五歳の国若若し世界遺産の反文明の

ナーガ魔なる蛇神の村の入り口に　橋の両端にあるナーガ魔よ

北方へ逃げる手段に地雷を埋め立ち入り禁止区域に縄一つ

蟻卵《ぎらん》百足毒蜘蛛蠍蟋蟀を　揚げたるを食すカンボジア人の

異つ国の夜明けのテレビに映りたる金子兜太石牟礼道子

出国に飽食の国を想ひつつ　空港に降り肌寒き国に

桜木の日ごと葉叢を落とさせよ　ふと太しき幹の顕はるるまで

曇天の雲の間《はざま》に幾筋も
光《かげ》は生まれて終幕を描く

跋　轟《とどろ》なるもの火のかたち見ゆ

福島泰樹

東京大空襲……。浅草方面からの火の手を逃れ焼け残った一郭に入谷金美館があった。「あまみ……」そう、その蕩けるような語感を、初めて耳にしたのは、幕間にかかるニュース映画においてであった。「奄美」、中田實歌集ゲラを手渡され、耳朶がまず反応した。「あまみ……」、……あの頃の人はもうだれもいない。

総革の膝下までのコート垂れ累累続く死者の群れたち　（波紋）

1

奄美、すなわち大島を主島とする奄美群島は、薩摩藩による直轄を経て、日本帰属以後も収奪熄むことのない歴史に曝されていた。

米戦艦ミズーリ号上で降伏文書に調印がおこなわれた一九四五（昭和二十）年九月二日、奄美群島は、本土から分割され米国の統治下に置かれた。翌昭和二十一（しばらく年号で表記……）年二月、連合国総司令部は、日本からの行政分離を通告。本土出身者は公職から追放、本土へ強制送還された。同年十月、「臨時北部南西諸島政庁」が発足。昭和二十五年十一月、「奄美群島政府」に改称。戦後もまた奄美の人々は、苦難の歴史に曝されるのである。

本土との分離は、物産の販売経路の途絶などにより経済の疲弊を招き、飢餓の兆候さえも出始めるに至った。分離直後から始まった奄美群島祖国復帰運動は激しさを増し、日本復帰を願う署名は、十四歳以上の住民の九十九・八パーセントに達し、集落自治体一丸となっての抗議のハンガーストライキへと拡大。小学生が血判状を書くという事態を生むに至った。

昭和二十六年八月には、奄美大島の住人八千人が本土復帰を要求、名瀬小学校で二十四時間断食に突入……。

中田實歌集『奄美』は、昭和二十六年十二月、この一首から始まる。


昭和二十六年十二月三十一日曇天の横浜港　父は「日本」に降り立つ　（血脈）

この日、横浜は曇り日であったのか。とまれ、サンフランシスコ講和条約が成立。日米安全保障条約が調印され、日本が米国の極東戦略体制に組入れられた昭和二十六年という年の歳晩（しかも大晦日……）、父・中田初男は横浜港に降り立ったのである。この時の父（二十八歳）の身分は、奄美群島政府から月俸二千三百二十円を支給されている鹿児島県名瀬市奄美小学校教諭であった。米国統治下にある奄美大島から、日本本国への「入国」は辛苦を極めたことであろう。

とまれ、いまだ未生の中田實の、その出生の歴史の一歩は標されたのである。

鹿屋市国民学校訓導となり終戦の九月三十日に特攻のありしか　（血脈）

大正十三年九月、奄美郡大島町に十一人弟妹の長男として生れた父は、家業の農業には就かず教師の道を志す。日米開戦の年、昭和十六年三月、鹿児島県立大島中学校を修し、鹿児島市内にある県立鹿児島第二中学校に入学。十八年三月、同校卒業（十八歳）。長崎医科大学受験に合格。長崎医科大学は、昭和二十年八月九日、米軍原子爆弾投下によって壊滅。在学生の大半四一四人が爆死、被爆死した。進学していたら中田實歌集『奄美』は、刊行されることはなかった。

樹木医の一木一木を尋ねたり被爆を語る樹の悲しみを　（**樹々の声**）

昭和十八年四月、十九歳の父君《ちちぎみ》は、鹿児島師範学校に入学。翌年には、学徒勤労令で任地に配属するも、教員免許状を取得。敗戦後の昭和二十年九月、特攻基地があった鹿屋市、南国民学校訓導に着任。教員の第一歩を標すのである。同郷の小中学校同級生の多くが、戦没慰霊碑に名を刻まれたことであろう。

昭和二十一年十一月、名瀬市奄美国民学校訓導を命ぜられ本土鹿児島から帰郷。以後五年間を奄美で勤務。この間、結婚。長子をなす。昭和二十七年六月三十日、依願退職……。

戦地を踏むことなく逃がれ東京の荒川土手を踏みし父はも　（**血脈**）

私が奄美大島出身の「父」の来歴にこだわるのは、なぜか。入谷金美館の耳（聴覚）による記憶の幼児体験に次いで、目（視覚）が呼び醒まされたのである。昭和二十八年十二月二十六日、朝刊一面に、見覚えのある大太文字が踊っているではないか。「奄美群島本土復帰」……。

十二月二十五日午前零時、苦節八年の歳月を経て奄美大島、喜界島、徳之島、沖永良部島、与論島が米

政府から返還、その主権が、日本政府に復帰したのである。新聞の見出しとともに、昭和二十年春暁、奄美大島沖で戦死した弟の思い出を、晩餐のおりなど父はよく母に語っていたことなども想い出される（晩餐、といっても丸い卓袱台を囲んだ貧しい戦後の食事風景ではある）。

「奄美群島本土復帰」の新聞の大見出しを目にした昭和二十八年十二月、私は台東区立坂本小学校の四年生であった。

白く塗られし校舎の壁落剝し地の色の見ゆところどころに　（啓螢）

2

長じて「奄美」を身近に感じたのは、作家干刈あがたを通してであった。初めて彼女に会ったのは、一九八二（昭和五十七）年、「海燕」新人文学賞受賞パーティーの席上であった。受賞作「樹下の家族」の書出しはこうだ。「ジョン・F・ケネディが死んだ。／円谷選手が死んだ。／三島由紀夫が死んだ。／エルビス・プレスリーが死んだ。」「ジョン・レノンが死んだ。」

一読、行場を失った時代のすぐれた時代論であると思った。中に、私の短歌、「君去りしけざむい朝《あした》挽く豆のキリマンジャロに死すべくもなく」（歌集『転調哀傷歌』）が引かれ、「福島泰樹という歌人が、わが身を失われた世代のキリマンジャロの雪に映したように」「一つの時代との別れの朝にはまだ一条の爽やかさがあるが、それに続く日々との、ギリマンとギマンの朝のキリマンジャロの荒寥」と書かれている。

干刈あがたは、私と同じ一九四三（昭和十八）年の生れ、同じ時代を同じキャンパスで過ごしたこともある。「早稲田文学」（一九八三年十二月号）で対談したのを機に、以後しばしば出会った。作家手製の豚の角煮を肴に飲んだ黒糖焼酎の味が忘れられない。本名浅井和枝で書かれた『ふりむんコレクション／島唄』を通して、奄美諸島を原郷とする柳和枝その人に出会ったような気がした。

彼女が初めて父母の故郷沖永良部島を訪れたのは、大学を中退した二十歳の日のこと。彼女は、この言葉を耳にするのだ。

島を離れた人々はタビをしているのであり、タビの途上で生れた子は島の子なのである。彼女は、熱い歓迎に声をあげて泣いた。「私が泣いているのではなく私の血が泣いているのだ」の一節に、胸を熱くしていた。

*

さて、「父」のその後に話を戻そう。昭和二十七年六月、名瀬市奄美国民学校を依願退職した父は翌月、東京都北区滝野川小学校教諭に着任。「北区豊島七丁目二十五番地」が以後、本籍となる。奄美大島から妻子を呼び寄せたタビの途上者は、早々と定着の土地を得たのである。

セナゼル・ミヤン父方の祖母の名を連ぬる家系図持ちゐし父は　（血脈）

奄美群島が日本に復帰する年の昭和二十八年十月、次男實誕生。この年、東京都教育委員会（給与法改正）発令により、月俸「一六、三〇〇円」となり、父の長い戦後が始まるのである。

回る廻れ扇風機の風やわらかく　経年劣化の炎となりぬ
人生の定点観測に立ちゐしに今この一点の座標軸なれば
分水嶺の左に流れ日本海へ　分かれの悲しみが滲む手の甲　（血脈）
如月の冬の窓辺に寄り添へる　母が…父がゐる家族の風景　（啓蟄）
ゆつたりと東京の空を飛行船　冬の落暉に溶けて目にしむ　（豊島）
死刑執行人の震えてゐる右指が押す釦の　はるか巣鴨プリズン　（血脈）

中田實は、これら懊悩を湛えた秀歌をもって奄美脱島者の父の戦後と鋭く対峙。「分水嶺の左に流れ日本海へ　分かれの悲しみが滲む手の甲」と絶唱するのである。

だが、同時にこうも歌ってみせるのだ。

内地に生れ、奄美の血筋を体の底ふかく沈潜させた男の奄美への飢餓感に似た葛藤とでもいおうか。

北緯三十度線の国境よ荒海よ　密航者の俺の眼に屋久島聳ゆ　（血脈）

さて、私の手許には、父中田初男の職務を標した教諭「履歴書」がある。昭和二十七年七月一日「東京都公立学校教員に任命する、三級に叙する」。そして以後、三十年にわたる勤役を終え、昭和五十七年十月、都知事より「永年勤続者感謝要項による感謝状受ける」。昭和五十九年三月三十一日、東京都教員委員会「辞職を承認する」のである。

3

二〇一五（平成二十七）年七月、父死去、九十一歳。昭和二十六年十二月、横浜の土を踏んでから六十四年の歳月が経過していた。

痩せ細り骨格も皮も隠部も露に曝され置き去られてゆく　（波紋）

荼毘。そして七ヵ月後の翌、二〇一六年二月母死去、九十歳。

大腿骨腰の骨胸へと迷ひ箸頭部の骨のすべて納まる　（啓蟄）

ある日の夕刻、神田神保町裏手行きつけの店、突如、中田を深い悲しみが襲う。雨垂れの音《ね》は、父子が降らせた歳月の音か。

雨垂れのバンドネオンのうら悲し指の動きの　われの雨垂れ　（啓蟄）

中田實が父母の故郷奄美大島を訪ねたのは、母を送った翌年二〇一七年八月。学生時代の訪問から数えて、実に四十二年の歳月が経過している。父の生家、母の実家を真っ先に訪ねたことであろう。この歌が、嬉々としてそのことを伝えている。

裏山の風の吹き入る廁《かわや》より瑠璃懸巣《るりかけす》瑠璃の鮮々と立つ　（血脈）

父の生家に立ち寄った中田を迎えてくれたのは、世界中で奄美大島と徳之島の奄美群島にしか生息しない瑠璃色の翼と尾羽をもった瑠璃懸巣の美しい姿であった。

よしんば、異郷に定住し異郷の土に葬られようと、奄美群島を旅立った人々は皆、タビの途上者であるのだ。タビの途上で生れた子供たちもまた島の子であるのだ。

干刈あがたが、島の人々の熱い歓迎に声をあげて泣き、改めて自身の体内を流れる血と巡り合い、感涙のうちに『ふりむんコレクション／島唄』を書き上げたように、中田實はその感動を、

父の名を奄美は知るや空も海も青くああ碧く透きゆく島は　（血脈）

と歌い上げた。そして、父母《ちちはは》の生身《しょうしん》の眼《まなこ》を、自らのまなこに移し植えたように、父母のまなこをもって

かの海もかの山も空も眼裏に縁取り蒼く霞みて残る　（血脈）

と歌い、体内の「奄美」を

浜の砂の柔らかきこの足裏に我を沈めゆくこの感触の　（帰島）

とその五官をもって蘇らせるのである。そして足裏の感触はまた、「宝貝一つ二つと拾ひたり五歳の我と三十三歳の母と」と、奄美の砂浜に若き母を呼び戻すのである。

島の人々にとってタビ人の子もまた永遠の帰還者であるのだ。中田は、父母の写真を「かの山」に翳し「かの海」に流し、七十年に及ばんとする父母のタビを終着させるのである。

父母の生家を廻り墓参を果たした帰島者の胸に、すでに「密航者」の想いは奄美のひかりの中に霧散していた。

4

「月光の会」が創設され、第一回「月光歌会」が、東京下谷法昌寺で開催されたのは一九八七（昭和六十二）年四月。以後今年七月に至るまで三十二年間、神楽坂、上野、下谷、上野と会場を転々としながら三九〇回にわたり続けられてきた。中田實は、一九八九年二月から実に三十一年間、月光歌会の中心メンバーとして歌会を支えてきた。

「季刊月光」八号（一九九一年三月刊）の頁を捲ると、小川太郎、賀村順治と並んで、中田實の「肉そがれ骨も露はな立像《りふぞう》の婆藪仙人眼いかつき」「平安の鳥獣人物戯画　平成の現世カルカチュア我らともども」「なだらかな夢違観音現在に夢を違へて現はれて顕つ」など十首が掲載されている。

現代社会への問題意識を前面に出した小川の「哀しみのゴジラ」、賀村の「列島は」の標題に比し、中田の標題は事実に即しすぎ地味で堅実、おもしろみに欠ける。だが、作品は標題を裏切り曲折起伏、波瀾さえ予感させるのはなぜか。

中田が、「季刊月光」に寄稿を開始して三十年。この間、歌会提出歌、復刊「季刊月光」、「歌誌月光」（通算五十八号）発表作など一千首ちかい作品を私は、つぶさに読んできたことになる。

まとまったものを読んでみたい。歌集刊行を勧めて十数年、その渠がようやく重たい腰をあげたのだ。

第二章「蒼氓」にこの間の作の一部がある。「蒼氓」とは、蒼生、人民、あおくさの意。

過日私は、池袋の書店「ジュンク堂」で田中祐子《さちこ》さんとのトークセッション「被爆体験を聞く」に出演。十六歳で被曝し父母や学友、大切な人々を奪われた彼女が、突如こう言い放ったのだ。「私は原爆を落としたアメリカを憎みません。憎まなければならないのは、戦争です。もし、日本がいちはやく原爆を開発していたら、アメリカに落としたでしょう。……だから、どんな理由があれ戦争を起こしてはならないのです。」

私は静かに、中田實の、

ヒバク米兵十二名の名刻まれる八月六日の広島の碑に　（蒼氓）

の一首を思い起こしていた。昭和二十年七月二十八日呉軍港空襲で迎撃された爆撃機、艦載機から脱出し捕虜となった米軍二十数人のうち十二名が、広島市内の軍収容施設で被曝死亡。広島原爆死没者追悼平和祈念館へ登録（二〇〇九年）、慰霊碑に名が刻まれるに至ったのである。

中田實に、原爆を詠んだ歌は多い。

樹齢三百年大銀杏被爆樹木小型銀杏の葉降り注ぐ　（樹々の声）

戦争で焼き殺されるのは人間のみではない。「蒼氓」中

両腕《もろうで》の肘よりの先の無き夢を　ただ夢に見き哭いて見てゐし

は歌集中の絶唱。

5

さて、中田實が居住する市川市（千葉県）には、「行徳湿地」と呼ばれる県指定の広大な「鳥獣保護区」がある。浦安の浜辺に友人のいた少年の私は、この広大な湿地帯を、我武者羅に歩き回ったものである。だが、わが追憶の風景には、一羽の鳥も飛び立ちはしない。鬱蒼とした葦原だけが茫漠の風に吹かれている。

飛び立たぬ水辺の鳥を飛び立てぬ鳥と知りたる睦月三日や　（楽園）

保護区近隣に居住する中田實の休日の朝は、湿地帯の散策から始まる。水辺にうずくまるように佇立する水鳥は、昨朝も霜降る水辺に羽を震わせていた。

仮設猛禽部屋に傷つきし鳶五羽大鷹一羽閉じ込められたり　（楽園）

傷ついた鳶や鷹といった猛禽類たち……。生態系観察者の眼をもって書かれた「楽園」、それに続く「羽撃き」に、私は、夭折した大正期の詩人富永太郎畢生の散文詩「鳥獣剝製所」を想い起こしていた。長編散文詩の、その書出しを引く。

私はその建物を、圧しつけるやうな午後の雪空の下にしか見たことがない。また、私がそれに近づくのは、あらゆる追憶が、それの齎《もたら》す嫌悪を以て、私の肉体を飽和してしまつたときに限つてゐた。

この一節の次ぎに、「楽園」中のこの一首を置いたらどうか。

ひらひらと黄揚羽ひとつ飛びゆけり廃墟の窓硝子を透けて翔びゆく

美事な対をなし、反歌の体をなしてはいないか。その基調を漂うものは死の匂いである。いま少し、この試みを続けてみよう。人類や世界平和といった倫理の鎧を着た男に巣くうデカダニズムの色調が、羽を透かした向こう側から色濃く見えてくる。

「鳥獣剝製所」書出しの続きは……

煤けた板壁に、痴呆のやうな口を開いた硝子窓。空のどこから落ちて来るのか知ることの出来ぬ光が、安硝子の雲形の歪《ゆが》みの上にたゆたひ、半ばは窓の内側に滲み入る。人間の脚の載つてゐない、露《む》き出しの床板。古びた樫の木の大卓子。動物の体腔から抽き出された、軽石のやうな古綿。うち慄ふ薄暮の歌を歌ふ桔梗色の薬品瓶。ピンセツトは、ときをり、片隅から、疲れた鈍重な眼《まなこ》を光らせる。

黒蝶は翠の中を飛び廻る枯死の桜にふととまりたり

炎天の蜘蛛の糸にぞ絡められ八月の蟬は風に揺らぐを

黒鳥のくうくうくうと鳴くに寂しかり網に囲はれ飛びたてざるに

倒木の虚《うろ》は苔むしぽつかりと闇を抱へて光吸ひ込む
幾筋に空は掃かれて残されし所どころを白く塗りゆく　（楽園）

美事な対をなしているではないか。この詩作品は、大正十四（一九二五）年一月、富永二十三歳の作。近代詩を画する散文詩「鳥獣剥製所」をなした十ヵ月後には、血を喀きながら若き命を散らしている。最後の力を振り絞るように、剥製にされた鳥や獣らの生命を言葉（詩）の力で蘇えらせようとした富永太郎。この不思議なコラボをいま少し味わってみよう。

私は、この建物に近づかうか、近づくまいかといふ逡巡に、私自身の手で賽《さい》を投げなかつたことを心から悔いた。が、すべては遅かつた。怖ろしい牽引《けんいん》であつた。私を牽くのは、過ぎ去つた動物らの霊だと知つた。牽かれるのは、過ぎ去つた私の霊だと知つた。私はあらゆる世紀の堆積が私に教へた感情を憎悪した。が、すべては遅かつた。

に次ぐ作品は、「羽撃き」……。

飛ぶことも立つこともなく白鳥の　幼鳥の眼は閉じられにけり
陽だまりの導流堤に鳥たちは冬の支度のサンクチュアリに
黒つらのへらさぎ七日に死すとあり絶滅危惧種ここに死にけり
取り残されて一羽のかもめ突堤に河鵜とともに夕日を浴びてゐる
雄々しくももろはを広げ風となり片羽たりしに飛び立てずをり　**（羽撃き）**

樹木、昆虫、鳥類が鋭い暗喩となって戦後の日本を、世界の滅亡に向かってひた走る現代文明を指弾してやまない。中田實の、滅びゆくものに向ける眼差しはひたすらに優しい。
かくして、「奄美」「蒼氓」に次ぐ、終章は「カンボジア」……。

聖なるものその域に現る言の葉に定型といふ聖なるながれ
濃霧黄砂首都を覆ひたり　ぬばたまの遮るものの皆暗かりし　（革命家）
曇天の雲の間《はざま》に幾筋も　光《かげ》は生まれて終幕を描く　（カンボジア）

だが、疾うに紙数も尽きてしまっている。奄美往還の旅装を解くにあたり、いま一度巻頭一首を引くことにしよう。巻首にして反歌！
奄美なるものの嫋《たお》やかな喩となって、父子二代百年の長路を言祝ぐことであろう。

とろとろと漆黒の闇に火の生《あ》れる轟《とどろ》なるもの火のかたち見ゆ

あとがき

歌集の題名を「奄美」とした。この「奄美（あまみ）」という響きが懐かしい。「奄美」とは、奄美本島、奄美群島を指す。父、母の出身の島である。そして、私自身のルーツを辿るという点に於いても重要な主題となってきた。このルーツを主題とすることが、自分自身の存在を突き詰めてゆく。その突き詰めた先には、短歌創作にまで行きつくと考える。かつて、万葉時代は「土地の名」を詠む、「国の名」を詠む行為が、土地褒め、国褒めとされ、神聖視されていた。「奄美」を詠むことが、その行為につながるのかも知れない。短歌に託すことは願いであり、願望であると思う。「奄美」への願望、郷愁を詠むことが、このタイトルに現れたのだと思う。

父の生涯は平凡であった、母の生涯も、特段のものではなかった。父が亡くなり、改めて父が辿った生涯を思うと、その平凡さの中にある特異点が見えてきた。それが、昭和二十六年の、当時の日本の状況であった。父の日本（当時奄美では内地と呼んでいたようである）への移動は、日本から、日本への移動ではなかったということである。若き父は、その奄美から、内地しかも首都へとやってきた。どのような志を抱いて（それを聞く機会はもうないのだが）。私が大きくなってからの父の像は、意外とぼやけている。何故であるのか。私が生まれる前と、父の死後が、父という存在を鮮明にしているようだ。また、母のことであ

母は、宮中の歌会始めの短歌を、亡くなる十年前ぐらいから送っていた。それは、入選を期待してのものではなく、天皇への挨拶歌として、毎年に送っていたようである（最後の年には、私も推敲に携わったが）。

今在る自分の出身を強く意識するようになったのは、父の死、母の死からである。父が書き残したものの一つに、俸給記録（給料）の変遷がある。ただその金額と等級と、発行機関が、詳細に書かれている。その中で、発行機関に「奄美群島政府」とあることに、驚かされた。政府としての、「奄美」にである。

短歌を創る。そして、歌集にまとめ、上梓するとは何か。この問いに、答えるために歌集を出版することとはどのようなことか。一首一首の短歌を出詠する、ということにも覚悟が必要であるが、歌集に関してはそれ以上のものが必要であると学んだ。

本歌集の作品は、すべて「月光」に発表したものです。歌会等で月光の皆さんには、お世話になりました。また、本歌集を上梓するということで、晴山生菜さんには、編集全般で、装丁では間村俊一さんに、福島泰樹主宰には、お忙しい中、跋文を書いて戴きました。ありがたい限りです。改めて深く深く感謝する次第です。

令和元年七月十六日　神保町裏手喫茶店　中田實

中田實（なかだ・みのる）
一九五三年　東京都荒川区に生まれ、17歳まで北区豊島に育つ
一九七五年　成城大学国文科入学
中西進先生、鈴木日出男先生に師事
一九八二年　成城大学大学院文学研究科修士修了
一九七九年　「風土派」入会
一九八四年　東京私学杉並学院勤務（当時は菊華高校）
一九八九年　「月光の会」入会
「季刊月光」6号に作品「理想円形」発表
以後　「季刊月光」「文藝月光」「歌誌月光」に順次作品を発表
「月光歌会」「月光の会」幹事

連絡先
〒二七二-一〇三六
千葉県市川市新浜一-六-一四
〇四七-三九六-七四六〇

月光叢書＊03
中田實歌集
奄美

二〇一九年九月三十日　初版発行

著者――中田　實
発行者――晴山生菜
発行所――株式会社皓星社
〒一〇一-〇〇五一
東京都千代田区神田神保町三-一〇
宝栄ビル六〇一号
電話　〇三-六二七二-九三三〇
FAX　〇三-六二七二-九九二一
メール　info@libro-koseisha.co.jp

印刷・製本・組版――精文堂印刷株式会社

ISBN 978-4-7744-0684-8 C0092